VENTE

Le Mardi 19 Mai 1903

HOTEL DROUOT

Salle n° 9

19 mai 1903.

V

TABLEAUX

PAR

P. Brunet=Houard

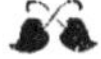

Mᵉ Raymond PUJOS

M. Henri HARO

CATALOGUE

DE

TABLEAUX

PAR

P. BRUNET=HOUARD

DONT LA VENTE AURA LIEU

HOTEL DROUOT, SALLE Nº 9

Le Mardi 19 Mai 1903

à trois heures

EXPOSITION PUBLIQUE : le Lundi 18 Mai 1903

de une heure et demie à cinq heures et demie

Mᶜ Raymond PUJOS	M. Henri HARO
COMMISSAIRE-PRISEUR	PEINTRE-EXPERT
29, rue de Maubeuge, 29	14, rue Visconti et rue Bonaparte, 20

1903

CONDITIONS DE LA VENTE

Elle sera faite au comptant.

Les acquéreurs payeront *dix pour cent* en plus du prix d'adjudication.

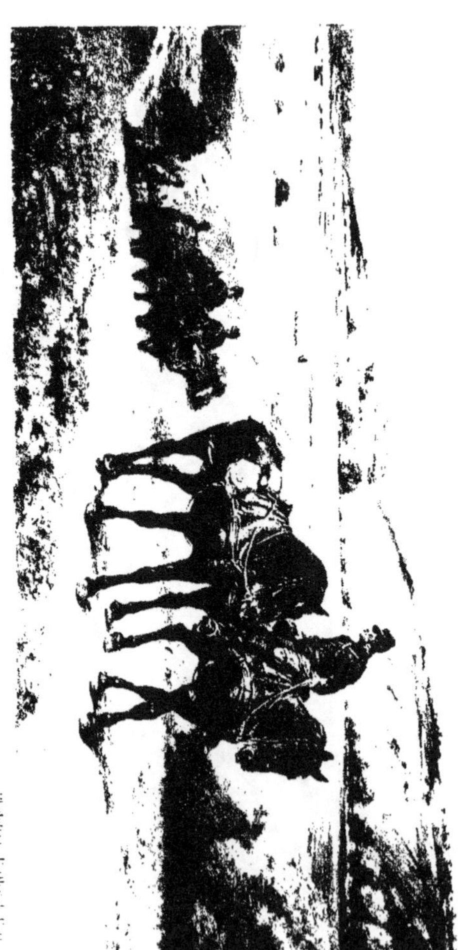

Brunet-Houard (Pierre-Auguste), né à Saint-Maixent (Deux-Sèvres), n'est entré que fort tard à l'atelier de Th. Couture, sur les conseils d'Alf. de Dreux, son guide et son conseiller dans les quelques essais d'amateur qu'il livrait assez timidement, du reste, à la publicité.

Il était licencié en droit, à cette époque, et, comme beaucoup de ses confrères en art, un érudit en littérature et en histoire. Et c'est encore aujourd'hui son refuge pour oublier ses tristesses et les déceptions si navrantes de la vie d'un artiste.

Depuis de longues années il habite Fontainebleau; confiné dans sa retraite, il n'a plus vécu que pour son art, et dans les ménageries, chez les saltimbanques, dans les casernes et quartiers de cavalerie, il trouvait tous les jours un aliment nouveau à son activité intellectuelle.

A l'époque où il avait son atelier à Paris, son camarade

J. Lewis Brown, le fin coloriste, Monginot du même atelier de Th. Couture, Marchal, Courbet, Émile Bayard; enfin les paysagistes Varon, Rousseau, Ch. Leroux, Diaz et Millet, eurent une grande influence sur la direction de ses études.

Un jour Millet vint le féliciter sur un tableau qu'il avait envoyé au Salon de 1869. Un Intérieur de Ménagerie, au moment où un belluaire découpe un cheval mort, au milieu d'une sarabande échevelée d'animaux affamés. Th. Gauthier en avait fait dans, plusieurs journaux, un grand éloge, et le tableau n'avait manqué la médaille que d'une voix.

Il y avait une autre étude à peu près semblable que Millet regardait avec intérêt; et prenant en pitié le découragement dans lequel il voyait le jeune peintre, il lui dit: « Géricault « est mort dans la misère et n'a été reconnu qu'après sa « mort, attendu qu'il ne sortait pas de la boutique offi- « cielle. Il faut en prendre son parti, ça nous arrivera « également. »

Paroles prophétiques auxquelles les peintres présents n'attachèrent qu'une médiocre importance, Brunet-Houard moins que les autres encore, son tableau lui ayant valu pour dix-huit mille francs de commandes dans les trois mois qui suivirent.

La variété des motifs et des compositions des vingt-huit tableaux qui constituent cette vente donne une idée de la fécondité et de la souplesse de son talent, et si sa vision se ressent parfois de l'influence du grand art puisé à l'école de Th. Couture, la naïveté du modèle qu'il a sous les yeux le ramène vite à la nature et l'empêche de tomber dans la convention.

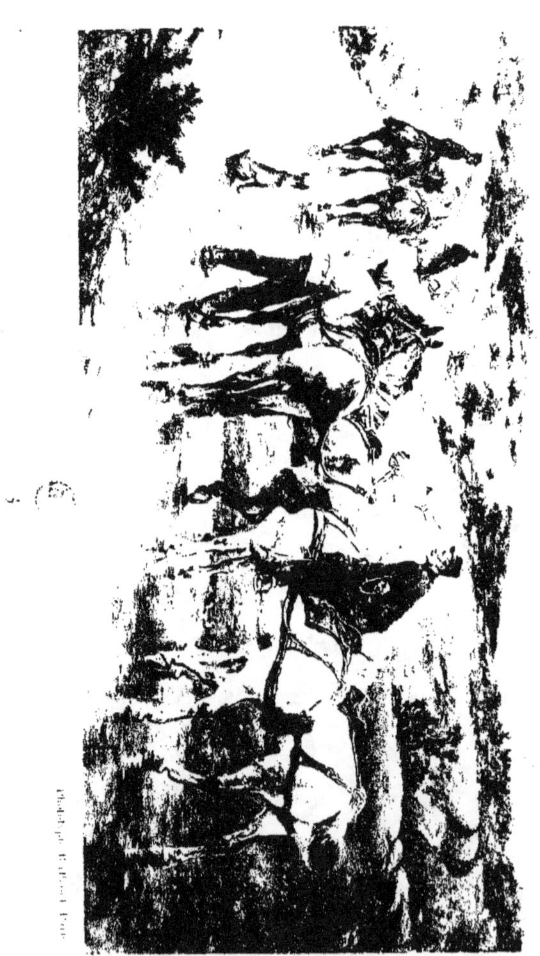

TABLEAUX

10 — Panthère en arrêt sur des gazelles (le matin).

> **Ces deux panneaux pour salle à manger pouvant être vendus ensemble ou séparément.**

11 — Chevaux échappés au moment d'un embarquement et effrayés par une locomotive.

12 — Départ de Croisés pour la Palestine.

13 — Jument et son poulain sur la voie ferrée, suivis d'une locomotive.

14 — Combat de Coqs. (Amour, tu perdis Troie!)

15 — Femme grecque revenant de la fontaine.

16 — Un Ours amateur de miel, contrarié par un essaim.

17 — Retour des manœuvres (chevaux fatigués).

18 — Une Fête d'Isis (au seuil du temple).

19 — Chemineau cueilli par deux gendarmes.

20 — Lionne à l'arrêt sur des antilopes.

21 — Un Sauveteur (étude de lame).

22 — L'Invalide du travail.

23 — Hunter irlandais (étude de cheval alezan).

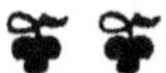

11364. — Lib.-Imp. réunies, 7, rue Saint-Benoît, Paris.

www.ingramcontent.com/pod-product-compliance
Lightning Source LLC
LaVergne TN
LVHW010906180726
843502LV00010B/3988